水經卷第四

漢桑欽撰　後魏酈道元注

河水四

河水又南過河東北屈縣西

河水南逕北屈縣故城西十里有風山上有穴如輪風氣蕭瑟習常不止當其衝飄也而略無生草蓋不定衆風之門故也風山西四十里河南孟門山山海經曰孟門之山其上多金玉其下多黃堊涅石淮南子曰龍門未闢呂梁未鑿河出孟門之上大溢逆流無有丘陵高阜滅之名曰洪水大禹疏通謂之孟門故穆天子傳曰北登孟門九河之隥孟門即龍門之上口也實謂黃河之巨阨兼孟

津之名矣此石經始禹鑿河中漱廣夾岸崇深傾崖返捍巨石臨危若墜復倚古之人有言水非石鑿而能入石信哉其中水流交衝素氣雲浮往來遥觀者常若霧露沾人窺深悸魂其水尚崩浪萬尋懸流千丈渾洪贔怒鼓若山騰濬波頽疊迄于下口方知慎子下龍門流浮竹非駟馬之追也又有燕完水注之異源合舍西流注河

河水又南得鯉魚

歷澗東入窮溪首便其源也爾雅曰鱣鮪也出鞏穴三月則上渡龍門得渡爲龍矣否則點額而還非夫往還之會何能便有兹稱乎

河水又南羊求水入焉

東出羊求川西逕北屈縣故城南城則夷吾所奔
邑也王莽之朕北也汲郡古文曰翟章救鄭次于
南屈應劭曰有南故加北國語曰二五言於獻公
曰蒲與二屈君之疆也其水西流注于河
河又南爲採桑津
春秋僖公八年晉里克敗狄于採桑是也
又南過皮氏縣西
赤水出西北罷谷川東謂之赤石川東入于河
河水又南合蒲水
西則兩源並發俱道一山出西河陰山縣王莽之
山寧也陰山東麓南水東北與長松水合水出西
三陽山東東北流左入蒲水蒲水又東北與北溪

會同爲一川東北注河
河水又南丹水西南
丹陽山東北逕冶東俗謂之丹陽城城之左右猶
有遺銅矢其水東北會白水口水出丹山東而西
北注之丹水又東東北入河
河水又南黑水
西出丹山東而東北入于河
河水又南至崿谷傍
東北窮澗水源所導也西南流注于河
河水又南洛水自獵山枝分東派東南注于河
昔魏文侯築館洛陰指謂是水也皮氏縣王莽之
延平也故城在龍門東南不得延逕皮氏方届龍

門也（一本河上有大字）

又南出龍門口汾水從東來注之

昔者大禹導河積石踈決梁山謂斯處也即經所謂龍門矣魏土地記曰梁山北有龍門山大禹所鑿通孟津河口廣八十步巖際鐫跡遺功尚存岸上并有廟祠祠前有石碑三所二碑文字紊滅不可復識一碑是太和中立竹書紀年晉昭公元年河赤于龍門三里梁惠成王四年河水赤于龍門三日京房易妖占曰河水赤下民恨

河水又南右合暢谷水

水自溪東南流逕夏陽縣西北東南注于河

河水又南逕梁山原東

原自山東南出至河晉之望也在馮翊夏陽縣之西臨于河上山崩壅河三日不流晉侯以此問伯宗即是處也春秋穀梁傳曰成五年梁山崩遏河水三日不流召伯尊遇輦者不避使車右鞭之輦者曰所以鞭我者其取道遠矣伯尊因問之輦者曰君親縞素率羣臣哭之斯流矣如其言而河流

河水又南崌谷水注之

水出縣西北梁山東南流橫溪注之水出三累山其山層密三成故俗以三累名山按爾雅山三成爲崑丘斯山豈亦崑丘乎山下水際有二石室蓋隱者之故居矣細水東流注于崌谷側溪山南有石室西面有兩石室北面有二石室皆因阿結

牖連扃接闥所謂石室相距也東廂石上猶傳杵臼之跡庭中亦有舊宇處尚髣髴前基北坎室上有微涓石溜豐周瓢飲似是栖遊隱學之所昔子夏教西河疑即此也而無辯之溪水又東南逕夏陽縣故城北少梁也秦惠文王十一年更從今名矣王莽之冀亭也其水東南流于河昔韓信之襲魏王豹也以木罌自北渡

河水又南右合陶渠水

水出西北梁山東南流逕漢陽太守殷濟精廬尚俗謂之子夏廟河水又南逕高門南蓋層阜墮缺故流東門之稱矣又東南逕華池南池方三百六十步在夏陽城西北四里許故司馬遷碑文云高

門華池在茲夏陽西城北漢陽太守殷濟精舍四里所今高門東去華池三里溪水又東南逕夏陽縣故城南服虔曰夏陽虢邑也在太陽東三十里城南又歷高陽宮北又東南逕司馬子長墓北墓前有廟廟前有碑永嘉四年漢陽太守殷濟瞻仰遺文大其功德遂建石室立碑樹栢太史公自叙曰遷生於龍門是其墳墟所在矣溪水東南流入河昔魏文侯與吳起浮河而下美河山之固即於此也

河水又西徐水注之

水出西北梁山東南流逕漢武帝登仙宮東東南流絕疆梁石逕劉仲城北是漢祖兄劉仲之封邑

也故徐廣史記音義曰郃陽國名也高祖八年侯劉仲元年其水東南逕子夏陵北東入河

河水又南逕子夏石室

東南北有二石室臨側河崖即子夏廟室也

又南過汾陰縣西

河水東際汾陰脽縣故城在脽側漢高帝六年封周昌爲侯國魏土地記曰河東郡北八十里有汾陰城北去汾水三里城西北隅曰脽丘上有后土祠封禪書曰元鼎四年始立后土祠於汾陰脽丘是也又有萬歲宮漢宣帝神爵元年幸萬歲宮東濟大河而神魚舞水矣昔趙簡子沈欒激於此曰吾好聲色而是子致之吾好士六年不進一人是

過而黜吾善君子以爲能讁矣

河水又逕郃陽城東

周威烈王之十七年魏文侯伐秦至鄭還築汾陰郃陽即此城也故有莘邑矣爲太姒之國詩云在郃之陽在渭之涘又曰纘女維莘長子維行謂此也城北在北瀵水南去二水各數里其水東逕其城內東入于河又於城南側中有瀵水東南出城注于河城南又有瀵水東流注于河水南猶有文母廟前有碑去城一十五里水即郃水也縣取名焉故應劭曰在郃水之陽也河水又南瀵水入焉水出汾陰縣南四十里西去河三里平地開源濆泉上湧大幾如輪深則不測俗呼之爲瀵魁古

人壅其流以爲陂水種稻東西二百步南北一百
餘步與郃陽瀵水夾河中渚上又有一瀵水皆相
潛通故呂沈曰爾雅異出同流爲瀵水其水西南
流歷𨜶坂西西流注于河

河水又南逕陶城西

舜陶河濱皇甫士安以爲定陶不在此也然陶城
在蒲坂城北城即舜所都也南去歷山不遠或耕
或陶所在則可何必定陶方得爲陶也舜之陶也
斯或一焉孟津有陶河之稱蓋從此始之南對蒲
津關汲冢竹書紀年魏襄王七年秦王來見于蒲
坂關四月越王使公師隅來獻乘舟始罔及舟三
百箭五百萬犀角象齒焉

又南過蒲坂縣西

地理志曰縣故蒲也王莽更名蒲城應劭曰秦始
皇東巡見有長坂故加坂也孟康曰晉文公以賂
秦秦人還蒲於魏魏人喜曰蒲反矣故曰蒲反也
薛瓚注漢書云秦世家以垣爲蒲反然則本非蒲
也皇甫謐曰舜所都也或言蒲坂或言平陽及潘
者也今城中有舜廟魏秦州刺史治太平遷都罷
州置河東郡郡多流雜謂之徙民民有姓劉名墮
者宿擅工釀採挹河流醖成芳酎懸食同枯枝之
年排於桑落之辰故酒得其名矣然香醑之色清
白若滫漿焉別調氛氳不與佗同蘭薰麝越自成
馨逸方土之貢選最佳酌矣自王公庶友牽拂相

招者每云索郎有顧思同旅語索郎反語爲桑落也更爲籍徵之雋句中書之英談郡南有歷山也謂之歷觀舜所耕處也有舜井嬀汭二水出焉南曰嬀水北曰汭水逕歷山下上有舜廟周處風土記曰舊說舜葬上虞又記云耕於歷山而始寧剡二縣界上舜所耕田於山下多柞樹吳越之間名柞爲櫪故曰歷山余按周處此志爲不近情傳疑則可證實非矣安可假木異名附山殊稱疆引大舜即北寧懷更爲失誌記之本體差實錄之常經矣歷山嬀汭言是則安於彼乖矣尚書所謂釐降二女於嬀汭也孔安國曰居嬀水之内王肅曰嬀汭虞地名皇甫謐曰納二女於嬀水之汭馬季長曰水所出曰汭然則汭似非水名而今見有二水異源同歸渾流西注入于河

河水南逕雷首山西

山臨大河北去蒲坂三十里尚書所謂壷口雷首者俗亦謂之堯山山上有故城世又曰堯城闞駰曰蒲坂堯都按地理志曰縣有堯山有祠雷首山在南事有似而非非而是千載眇貌非所詳耳

又南涑水注之

水出河北縣雷首山縣北與蒲坂分山有夷齊廟闞駰十三州志曰山一名獨頭山夷齊所隱也山南有古冢陵栢蔚然攢茂丘阜俗謂之夷齊墓其水也西南流亦曰雷水穆天子傳曰壬戌天子至

于雷首犬戎觴天子雷首之阿乃獻良馬四天子
使孔牙受之于是也昔趙盾田首山食
祁彌明翳桑之下即於此也涑水又西南流注于
河春秋左傳謂之涑川者也俗之謂陽安澗水

又南至華陰潼關渭水從西來注之

汲都竹書紀年曰晉惠公十五年秦穆公帥師送
公子重耳涉自河曲春秋左氏僖公二十四年秦
伯納之及河子犯以璧授公子曰臣負羈紲從君
巡於天下臣之罪多矣臣猶知之而況君乎請由
此亡公子曰所不與舅氏同心者有如白水授璧
於此子推咲曰天開公子子犯以爲功吾不忍與
同位遂逃焉

河水歷船司空與渭水會

漢書地理志曰舊京兆郡之屬縣也左丘明國語
云華嶽本一山當河河水過而曲行河神巨靈手
盪脚蹋開而爲兩今掌足之跡仍存華巖開山圖
曰有巨靈胡者偏得神元之道能造山川出河所
謂巨靈贔屓首冠靈山者也常有好事之人故升
華嶽而觀厥跡焉自下廟歷列栢南行十一里東
迴三里至中祠又西南出五里至南祠謂之北君
祠諸欲升山者至此皆祈請焉從北南入谷七里
又屆一祠謂之石養父母石龕木主存焉又南出
一里至天井井裁容人穴空迂迴傾曲而上可高
六丈餘山上又有微涓細水流入井中亦不甚沾

人上者皆所由涉更無別路欲出井望空視明如在室窺窻也出井東南行二里峻坂斗上斗下降此坂二里許又復東上百丈崖升降皆須扳繩挽葛而行矣南上四里路到石壁緣傍稍進逕一百餘步自此西南出六里又至一神名曰胡趨寺神像有童子之容從祠南歷夾嶺裁廣三尺餘兩箱崖數萬仞窺不見底祀祠有感則雲與之平也然後敢度猶須騎嶺抽身漸以就進故世謂斯嶺爲擲嶺矣度此二里便屆山頂上方七里靈泉二所一名蒲池西流注于澗一名太上泉東注澗下上宮神廟近東北隅其中塞實雜物事難詳載自上宮東北出四百五十步有屆嶺東南望巨靈手跡唯見洪崖赤壁而已都無山下上觀之分均矣河在關內南流潼激關山因謂之潼關灌水注之水出松果之上北流逕通谷世亦謂之通谷水東北注于河述征記所謂潼谷水者也或說因水以名地也河水自潼關東北流水側有長坂謂之黃巷坂傍絕澗涉此坂以升潼關所謂泝黃巷以濟潼關矣歷北出東崤通謂之函谷關也邃岸天高空谷幽深澗道之峽車不方軌號曰天嶮故西京賦曰巖嶮周固衿帶易守所謂秦得百二并吞諸侯也是以王元說隗囂曰請以一丸泥東封函谷關圖王不成其弊足霸矣郭緣生記曰漢末之亂魏武征韓遂馬超連兵此地今際河之西有曹公壘

道來原上云李典與營義熙十三年王師曾據此壘西征記曰沿路逶迤入函道六里舊城城周百餘步北臨大河南對高山姚氏置關以守峽宋武王入長安檀道濟王鎮惡或據山爲營或平城結壘爲大小七營濱帶河嶮姚氏亦保據山原阜之上尚傳故跡矣關之直北隔河有層阜巍然獨秀孤峙河陽世謂之風陵戴延之之所謂風塠者也南則河濱姚氏之營與晉對岸

河水又東北玉澗水注之

水南出玉溪北流逕皇天原西周固記開山東首上平博方可里餘三面壁立高千許仞漢世祭天於其上名之爲皇天原上有漢武帝思子臺又北

河水又東永樂澗水注之

水北出于薄山南流逕河北縣故城西故魏國也

水出湖縣夸父山北逕漢武帝思子宮歸來望子臺東又北流入于河

河水又東逕湖縣故城北

昔范叔入關遇穰侯於此矣湖水出桃林塞之夸父山廣員三百仞武王伐紂天下既定王及嶽濵放馬華陽散牛桃林即此處也其中多野馬造父於此得驊騮緑耳盜驪之乗以獻周穆王使之馭以見西王母湖水又北逕湖縣東而北流入于河魏土地記曰弘農湖縣有軒轅黃帝登仙處黃帝採首山之銅鑄鼎於荆山之下有龍垂胡於鼎黃帝登龍從龍者七十人遂昇於天故名其地爲鼎湖荆山在馮翊首山在蒲坂與湖縣相連晉書地

道記太康記並言胡縣也漢武帝改作湖俗云黃帝自此乗龍上天也地理志曰京兆湖縣有周天子祠二所故曰湖不言黃帝升龍也山海經曰西九十里曰夸父之山其木多椶柟多竹箭其陽多玉其陰多鐵其北有林焉名曰桃林其中多馬湖水出焉北流注于河故三秦記曰桃林塞在長安東四百里若有軍馬經過好行則牧華山休息林下惡行則決河漫延人馬不得過矣

河水又東合柏谷水

水出弘農縣兩石隄山山下有石隄祠銘云魏甘露四年散騎常侍征南將軍豫州刺史領弘農太守南平公之所經建也其水北流逕其亭下昔公

子重耳出亡及栢谷卜適齊楚狐偃曰不如之翟
漢武帝嘗微行此亭見饋亭長妻故潘岳西征賦
曰長徵容於栢谷妻覩貌而獻餐謂此亭也谷水
又北流入于河
河水又東右合門水
門水即洛水之枝流者也洛水自上洛縣東北於
拒城之西北分爲二水枝渠東北出爲門水也門
水又東北歷陽華之山即華陽山海經所謂陽華
之山門水出焉者也又東北歷峽謂之鴻關水東
有城即關亭也水西有堡謂之鴻關邑世亦謂之
劉項裂城處非也余按上洛有鴻臚圍池是水津
渠沿注故謂斯川爲鴻臚澗鴻關之名乃起是矣

門水又東北歷邑川燭水注之左水出于陽華之
陽陰東北流逕盛墻亭西東北流與右水合水俱
出陽華之陰東北流逕盛墻亭東北與左水合即
山海經所謂緒茹之水出于陽華之陰東北流注
于門水者也又東北燭水注之水有二源左水南
出于衡嶺世謂之石城山其水東北流逕石城西
東北合右水出石城山東北逕石城東東北入左
水地理志曰燭水出衡嶺下谷開山圖曰衡山在
函谷山西南是水亂流東注于緒茹之水二水悉
得通稱矣歷澗東北出謂之開方口水側有阜名
之方伯堆宋奮武將軍魯方平建盛將軍薛安都
等與建威將軍柳元景北入軍次方伯堆者也堆

上有城即方伯所築也又東北逕入川城南即漢
封竇門之故邑川受其名亦曰竇門城在函谷關
南七里又東北曰渠川水注之出衡山之白石谷
東北流逕故丘亭東是薛安都軍所從城也其水
又逕鹿蹄山西山石之上有鹿蹄自然成者非人
功所刊歷田渠川謂之曰渠水西北流注于燭水
燭水又北入門水水之左右即函谷山也門水又
北逕弘農縣故城東城即故函谷關校尉舊治處
也終軍棄繻於此燕丹孟嘗亦義動雞鳴於其下
可謂深心有感志誠難奪矣昔老子昔入關尹喜
望氣於此也故趙至與嵇茂齊書曰李叟入秦及
關而歎亦言與嵇叔夜書及關尹望氣之所異說

紛綸並未知所定矣漢武帝元鼎四年徙關於新
安縣以故關爲弘農縣弘農郡治王莽更名右隊
劉栢公爲郡虎相隨渡河光武聞而善之其水側
城北流而注于河河水於此有浢津之名說者咸
云漢武微行栢谷遇辱竇門又感其妻深識之饋
既返玉階厚賞賚焉賜以河津令其鬻渡今竇津
者是也故潘岳西征賦酬匹婦其已泰胡厥夫之
謬官袁豹之徒並以爲然余按河之南畔夾側水
濆有測謂之浢津河北縣有浢水浢津其水南入
于河水故有浢津之名不從門始蓋事類名同
故作者是之竹書穆天子傳曰天子自竇軨乃次
于浢水之陽丁亥入于南鄭考其沿歷所鍾路直

斯津以是推之知非因門矣俗或謂之偃鄉澗水
也河水又在左右一水其水三源疏引俱導薄山
南流會成一川其三水之內世謂之開原言虞芮
所爭之田所未詳矣又南注于河河水右會水注
之水出南山北逕曹陽亭西陳涉遣周章入秦少
符章邯斬之於此魏氏以爲好陽晉書地道記曰
亭在弘農縣東十三里其水西北流入于河河水
又東菑水注之水出常丞之山西北逕曲沃城南
又屈逕其城西西北入河諸注述者咸言曲沃在
北此非也魏司徒崔浩以爲曲沃地名也余按春
秋文公十三年晉侯使詹嘉守桃林之塞處此以
備秦時以曲沃之官守之故曲沃之名遂爲積古

之傳矣河水又東得七里澗澗在陝西七里故因
名焉谷水自南山通河亦謂之曹陽坑是以潘岳
西征賦曰行於漫瀆之口憩於曹陽之墟桓豹崔
浩亦不非其地矣余按漢書昔獻帝東遷逼以寇
難李傕郭汜追戰於弘農澗天子遂露次曹陽楊
奉董丞外與傕和內引白波李樂等破傕乘輿於
是得進復來戰奉等大敗兵相連綴四十餘里方
得達陝以推之似非曹陽然以山海經曰求之菑
曹字相類是或有曹陽之名也河水東合譙譙水
導源常丞之山俗謂之爲于山蓋先後之異名也
山陜城南八十里其川流也二源雙導同注一壑
而西北流注于河

又東過陝縣北

橐水橐出山西北流又有干水出南山北合逕崖峽北流與干山之水會出于山東谷兩川合注于崖水又東北注橐水北流出谷謂之漫澗矣與安陽溪水合水出石崤南西逕安陽城南漢武帝封上官傑爲侯國也潘岳所謂我徂安陽也東合漫澗水北有逆旅亭謂之漫口客舍也

又西逕陝縣故城南

又合一水謂之瀆谷水南出近溪北流注橐其水又西北逕陝城西西北入于河河北對茅城故茅亭茅戎邑也公羊曰晉敗之大陽者也津亦取名焉春秋文公三年秦伯伐晉自茅津濟封崤尸而

還是也東則咸陽澗水注之水出北虞山南至陝津注河河南即陝城也昔周邵分伯以此城爲東西之別東城即虢邑之上陽也虢仲之所都爲南虢三虢此其一焉其大城中有小城故焦國也武王以封神農之後於此王莽更名黃眉矣戴延之云城南倚山原北臨黃河懸水百餘仞臨之者咸悚惕焉西北帶河水湧起方數十丈有物居水中父老云銅翁仲所投處又云石虎載經終此沉没二物並存水所以湧所未詳也或云翁仲頭髻常出水之漲減恒與水齊晉軍當至髻不復出今唯見水異耳嗟嗟有聲聲聞數里按秦始皇二十一年長狄十二見於臨洮長五丈餘以爲善祥鑄金

人十二以象之名重二十四萬斤坐之宮門之前謂之金狄皆銘其胷云皇帝二十六年初兼天下以爲郡縣正法律同度量大人來見臨洮身長五丈足六尺李斯書也故衞恒叙篆曰秦之李斯號爲工篆諸山及銅人銘皆斯書也漢自阿房徙之未央前俗謂之翁仲矣地皇二年王莽夢銅人立惡之念銅人銘有皇帝初兼天下文使尚方工鐫滅所夢銅人膺文後董卓毁其九爲錢其在者三魏明帝欲徙之洛陽重不可勝至霸水西停之漢晉春秋曰或言金狄泣故留之石虎取置鄴宮苻堅又徙之長安毁二爲錢其一未至而苻堅亂百姓推置陝北河中於是金狄滅除以爲鴻河巨瀆

故應不爲細梗躓湍流長津碩浪無宜以徵物也流斯水之所以濤波者蓋史記所云魏文侯二十六年虢山崩壅河所致耳獻帝東遷自夕潛渡墜坑爭舟舟指可掬亦是處矣

又東過大陽縣南

交澗水出吳山東南流入河河水又東路澗水亦出吳山東逕大陽城西西南流注水入于河

河水又東逕大陽縣故城南

竹書紀年曰晉獻公十有九年獻公會虞師伐虢滅下陽虢公醜奔衞獻公命瑕父吕甥邑于虢都地理志曰北虢也有天子廟王莽更名勤田應劭地理風俗記城南大河之陽也

河水又東沙澗水注之
北出虞山東南逕傳巖歷傳說隱室前俗名之爲聖人窟孔安國傳傳說隱於虞虢之間即此處也傳巖東北十餘里即巔軨坂也春秋左傳所謂入自巔軨者也有東西絕澗左右幽空窮深地壑中則築以成道指南北之路謂之爲軨橋也傳說傭隱止息於此高宗求夢得之是矣橋之東北有虞原上道東有虞城堯妻舜以嬪于虞者也周武王以封太伯弟虞仲於此是爲虞公太原地記所謂北虞也城東有山世謂之五家冢冢上有虞公廟春秋穀梁傳曰晉獻公將伐虢荀息曰君何不以屈產之乘垂棘之璧假道於虞公曰此晉國之寶也曰是取中府置外府也公從之及取虢滅虞乃牽馬操璧璧則猶故馬齒長矣即宮之奇所以謂虞虢其猶輔車相依脣亡則齒寒虢亡虞亦亡矣其城北對長坂二十許里謂之虞坂戴延之曰自上及下七山相重戰國策曰昔騏驥駕鹽車上於虞坂遷延負轅而不能進此蓋其困處也橋水東北山溪中有小水西南流沙澗亂流逕太陽城東河北郡治也澗水南流逕注于河河水又東右左合積石土柱二溪並北發太陽之山南流入于河是山也亦通謂之爲薄山矣故穆天子傳曰天子自臨己丑南登于薄寘軨之際乃宿于虞是也
又東過砥柱間

砥柱山名也昔禹治洪水山陵當水者鑿之故破山以通河河水分流包山而過山見水中若柱然故曰砥柱也三穿既決水流疏分指狀表目亦謂之三門矣山在虢城東北太陽城東也搜神記稱齊景公渡于江沇之河黿銜左驂没之衆皆惕右治子於是拔劍從之邪行五里逆行三里至于砥柱之下乃黿也左手持黿頭右手挾左驂鷰躍鵠踊而出仰天大呼水爲逆流三百步觀者皆以爲河伯也亦或作江沅字者也若因地而爲名則宜在蜀及長沙按春秋此二士並景公之所不至古治子亦無因而騁其勇矣劉向叙晏子春秋稱古治子曰吾嘗濟於河黿銜左驂以入砥柱之流當是時也從而殺之視之乃黿也不言江沅矣又考史遷記云景公十二年公見晉平公十八年復見晉昭公旌軒所指路直斯津從黿砥柱事或在兹又云觀者以爲河伯賢於江沅之證河伯本非江神又何可知也

河之右則崤水注之

出河南盤崤山西北流水上有梁俗謂之鴨橋也歷澗水東北流與石崤水合水出石崤山山有二陵南陵夏后皋之墓也北陵文王所避風雨矣言山徑委深峯阜交陰故可以避風雨也秦將襲鄭蹇叔致諫而公辭焉蹇叔哭子曰吾見其出不見其入晉人禦師必於崤矣余收爾骨焉孟明果覆

秦師於此崤水又北左右合西水亂流注于河
河水又東千崤之水注焉
水南導于千崤之山其水北流纏路二道漢建安
中曹公西討巴漢惡南路之嶮故更開北道自後
行旅率多從之今山側附路有石銘云晉太康三
年弘農太守梁抑脩復舊道太崤以東西崤以西
明非一崤也西有二石又南五六十步臨溪有恬
漠先生翼神碑蓋隱斯山也其水北流注于河河
水翼岸夾山巍峯峻舉羣山疊秀重嶺干霄鄭玄
按地說河水東流貫砥柱觸閼流今世所謂砥柱
者蓋乃閼流也砥柱當在西河未詳也余按鄭玄
所說非自西河當無山以礙之自砥柱以下五戸

已上其間一百二十里河水竦石桀出勢連襄陸
蓋亦禹鑿以通河疑此閼流也其山雖闢尚梗湍
流激石雲洄澴波怒深合有一十九灘水流迅急
勢同三峽破害舟船自古所患漢鴻嘉四年楊焉
言從河上下患砥柱隘可鐫廣之上乃令焉鐫之
裁沒水中不能復去而令水益湍怒害甚平日魏
景初二年二月帝遣都督沙丘部監運諫議大夫
寇茲帥五千人歲常修治平河岨晉泰始皇三年
正月武帝遣監運太中大夫趙國都匠中郎將河
東樂世帥衆五千餘人修治河灘事見五戸祠銘
雖世代加功水流漰渀濤波尚屯及其商舟是次
鮮不踟躕難濟故有衆峽諸灘之言五戸灘名也

有神祠通謂之五戶將軍亦不知所以也
又東過平陰縣北又東至鄧清水從西北來注之
清水出清廉山之西嶺世亦謂清營山其水東南
流出峽峽左有城蓋古關防也清水歷其南東流
逕皐落城北服虔曰赤翟之都也世謂之倚亳城
蓋讀聲近傳因失實也春秋左傳所謂晉僕使太
子申生伐東山皐落氏者也與倚亳川水合水出
北山礦谷東南流注于清清水又東逕清廉城南
又東南流又會南溪溪水出南山而東注清水又
東合棗澗水水出左人嶺下南流俗謂之扶蘇水
又南歷釬苗北馬頭山亦曰白水原西南逕垣縣
故城北史記魏武侯二年城安邑至垣即是縣也

其水西南清水色白濁初會清流流注乃有玄素
之異也清水又東南逕陽壺城東即垣縣之壺城
東即垣縣之壺丘亭晉遷宋五大夫所居也清水
又東南流注于河
河水又東與教水合
出垣縣北教山南逕輔山山高三十許里上有泉不
測其深頂山周員五六里少草木山海經曰孟門
東南有平山水出于其上潛于其下又是王屋之
次疑即平山也其水南流歷鍾鼓上峽懸洪五丈
飛注流壑夾岸深高壁立直上經崖秀舉百有餘
丈峯次青松元巖頹石於中歷落有翠栢生焉丹
青綺分望若圖繡矣水廣一十許步南流歷鼓鍾

川分爲二澗一澗西北出一百六十許里山岫迴岨纔通馬步今聞喜縣東北谷口猶有乾河里故溝存焉今無復有水一水歷冶官西世人謂之鼓鍾城城之左右猶有遺銅及銅錢也城西阜下有大泉西流注澗與教水合伏入石下南至下峽山海經曰鼓鍾之山帝臺之所以觴百神即是山也其水重源又發南至西馬頭山東載坡下又伏流南十餘里復出又謂之伏流水南入于河山海經曰教山教水出焉又南流注于河是水冬乾夏流實惟乾河也今世人猶謂之爲乾澗矣

河水又與畛水合

水出新安縣青要山今謂之彊山山海經曰河長

澗水北流入于河山海經曰青要之山畛水出焉即是水也河水又東正過之水入焉水出醜山彊山東阜也東流俗謂之彊川水與石等瓜川合出西北石澗中東南流注于彊水彊水又東逕彊治鐵官東東北流注于河

河水又東合庸庸之水

水出河南垣縣宜蘇山俗謂之長泉水山海經曰水多黃貝伊洛門也其水北流分爲二水一水北入河一水又東北流注于河

河水又東逕平陰縣北

地理風俗記曰河南平陰縣故晉陰地陰戎之所居又曰在平城之南故曰平陰也三老董公說高

祖處陸機所謂皤皤董叟謨我平陰者也魏文帝
改曰河陰矣

河水西會濝水（右一作會）

水出垣縣王屋西山濝溪夾山東南流逕故城東
即濝關也漢光武建武二年遣司空王梁北守濝
關天井關擊赤眉別校皆降之獻帝自陝北渡安
邑東出濝關即是關也濝水西屈逕關城南歷軹
關南逕苗亭西亭故周之苗邑也又東流注于河

經書清水井也是乃濝水耳

水經卷第四

水經卷第五

漢桑欽撰　後魏酈道元注

河水五　漯水

河水又東過平陰縣北湛水從北來注之河水又東逕河陽縣故城南

春秋經書天王狩于河陽壬申公朝于王所晉侯執衛侯而歸于京師春秋左傳僖公二十八年冬會于温執衛侯是會也晉侯召襄王以諸侯見且使王狩仲尼曰以臣召君不可以訓故書曰天王狩于河陽言非其狩地服虔賈逵曰河陽温也班固漢書地理志司馬彪袁崧郡國志晉太康地道記十三州志河陽別縣非温邑也漢高帝六年封

陳涓爲侯國王莽之河亭也十三州志曰治河上河孟津河也郭緣生述征記曰踐土今治坂城是名異春秋焉非今河北見者河陽城故縣也在治坂西北蓋晉之温地故羣儒有温之論矣魏土地記曰治坂城舊名漢祖渡城險固南臨孟津河洛陽西北四十二里故鄧鄉矣

河水又逕臨平亭北

帝王世紀曰光武葬臨平亭南西望平陰者也

河水又東逕洛陽縣北

河之南岸有二碑北面題云洛陽北界水二渚分爲之也上舊有河平侯祠祠前有碑今不知所在郭頒世語曰晉文王之世大魚見孟津長數百步

高五丈頭在南岸尾在中渚河平侯祠即斯祠也

河水又東逕平縣故城北

漢武帝元朔三年封濟北貞王子劉遂爲侯國王莽之所謂治平矣俗謂之小平也有高祖講武場河北側岸有二城相對置北中郎府徙諸從隷府戶羽林虎賁領隊防之河水南對首陽山春秋所謂首戴也夷齊之歌所矣曰登彼西山上有夷齊之廟前有二碑並是後漢河南尹廣陵陳導洛陽令徐循與處士平蘇騰南陽何進等立事見其碑又有周公廟魏氏起玄館於芒垂武張景陽玄武觀賦所謂高樓特起竦跱岧嶤直亭以孤立延千里之淸飈也朝廷有置氷室於斯阜室内有氷井春秋左傳曰日在北陸而藏氷常以十二月採氷於河津之隘峽石之阿北陰之中即邠詩二之日鑿氷冲冲矣而内於井室所謂納于凌陰者也河南有鉤陳壘世傳武王伐紂八百諸侯所會處尚書所謂不期同時也紫微有鉤陳之宿主鬬訟兵陣故遁甲攻取之法以所攻神與勾陳并氣下制所臨之辰則祑禽敵是以壘資其名矣河水水斯有盟津之目論衡曰武王伐紂升舟陽侯波起疾風逆流武王操黃鉞而麾之風波畢除中流白魚入於舟燔以告天與八百諸侯咸同此盟尚書所謂不謀同辭也故曰孟津亦曰盟津尚書所謂東至于孟津者也又曰富平津晉陽秋曰杜預造

橋於富平津所謂造舟爲梁也又謂之曰陶河魏尚書僕射杜畿以帝將許試樓船覆於陶河謂此也昔禹治洪水觀於河見白面長人魚身出曰吾河精也授禹河圖而還於淵及子朝簒位與敬王戰乃取周之寶玉沈河以祈福後二日津人得之於河上將賣之則變而爲石及敬王位定得玉者獻之復爲玉也

河水又東淇水入焉

山海經曰和山上無草木而多瑤碧實惟河之九都是山也五典九水出焉合而北流注于河其陽多倉玉吉神泰逢司之是於萯山之陽出入有光呂氏春秋曰夏后氏孔甲田于東陽萯山遇大風

雨迷惑入于民室皇甫謐帝王世紀以爲即東首陽山也蓋是山之殊目矣今於首陽東山無水以應之當是今古世懸或川改狀矣昔帝堯脩壇河洛擇良議沈率舜等升于首山而導河渚有五老遊焉相謂河圖將來告帝以期知我者重瞳也五老乃翻爲流星而升於昴即於此也

又東沛水注焉又東過鞏縣北

河水於此有五社度爲五社津建武元年朱鮪遣持節使者賈彊討難將軍蘇茂將三萬人從五社津渡攻温馮異遣校尉與寇恂合擊之大敗追至河上生擒萬餘人投河而死者數千人縣北有山臨謂之崟原丘其下有穴謂之鞏穴言潛通浦北

逵於河直穴有渚謂之鮪渚成公子安大河賦曰鱣鯉王鮪暮來遊周禮春薦鮪然非時及佗處則無故河自鮪穴已上又兼鮪稱呂氏春秋稱武王伐紂至鮪水紂使膠鬲侯即是

洛水從縣西北流注之

洛水於鞏縣而東洛汭北對琅邪渚入于河謂之洛口矣自縣西來而北流注洛清濁異流皦焉殊別應瑒虛河賦曰資虛川之遐源出崑崙之神丘涉津洛之峻泉播九道於中州者也

又東過成皋縣北濟水從北來注之

河水自洛口又東左逕平高縣南又東逕懷縣南濟水故道之所入與成皋分河水

河水又逕黃馬坂北

謂之黃馬關孫登之去陽駿作書與洛中故人處也

河水又東逕旋門坂北

今成皋西大坂者也昇陟此坂而東趣成皋也曹大家東征賦曰望河洛之交流看成皋之旋門者也

河水東逕成皋大伾山下

爾雅曰山一成謂之伾許慎呂忱等並以爲丘一成也孔安國以爲再成曰伾亦或以爲地名非也尚書禹貢曰過洛汭至大伾者也鄭康成曰地喉也流出伾際矣然則大伾在河內修武武德之界

濟沇之水與滎播澤出入自此然則大伾即是山
矣伾北即經所謂濟水從此來注之者也今沛水
自温縣入河不於此也所入者奉溝水耳即濟沇
之故瀆矣成皋縣之故伾上縈帶伾阜絶岸峻周
高四十許丈城張翯嶮崎而不平春秋傳曰制巖
邑也虢叔死焉即東虢也魯襄公二年七月晉成
公與諸侯會于戚遂城虎牢以逼鄭求平也蓋脩
故耳穆天子傳曰天子射鳥獵獸於鄭圃命虞人
掠林有虎在於葭中天子將至七萃之士高奔戎
生擒虎而獻之天子命之爲押畜之東虞是曰虎
牢矣然則虎牢之名自此始也秦以爲關漢乃縣
之城西北隅有小城周三里北面列觀臨河苕苕

孤上景明中言之壽春路直兹邑升眺清遠勢盡
川陸羈途遊至有傷深情

河水南對玉門

昔漢祖與滕公潛出濟於是處也門東對臨河側
岸有土穴魏攻此同州刺史毛德祖於虎牢戰經
二百日不尅城唯一井井深四十丈山勢峻峭不
容防捍潛作地道取井余頃因公至彼故往尋之
其穴處猶存

河水又東合氾水

水南出浮戲山世謂之曰方山也北流車關水出
于嵩渚之山也泉發于層阜之上一源兩枝分流
瀉注世謂之石泉水也東流爲索水西注爲車關

西北流楊蘭水注之水出非山西北流注爲卑闕
水又西北蒲水入焉水自東浦西流與卑闕水合
而亂流注于汜汜水又北右合石城水水出石城
山其山複澗重嶺欹疊若城山頂泉流瀑布懸瀉
下有濫泉東流泄注邊有數十石畦畦有聲蔬
巖側石窗數口隱跡存焉而不知誰所經始也又
東北流注入于汜水汜水下北合鄤水水西出婁
山至冬則煖故世謂之溫泉東北流逕田鄤谷謂
之田鄤溪水東流注于汜水汜水又北逕虎牢城
東溪破司馬欣曹咎於是水之上汜水又北流注
于河征難賦所謂步汜口之芳草弔周襄之鄙館
者也余按儒之論周襄所居在潁川襄城縣是乃

城名非爲水目原夫致謬之由俱以汜鄭爲名故
也是爲爽矣又按郭緣生述征記劉澄之永初記
並言高祖即帝位於是水陽今不復知舊壇所在
盧諶崔雲亦言是矣余按高皇帝受天命於定陶
汜水又不在此也於是求壇故無髣髴矣

河水又東逕板城北

有津謂之板城渚口

河水又東逕五龍塢北

臨長河有五龍祠應劭云崑崙山廟在河東滎
陽縣疑即此祠所未詳

又東過滎陽縣蒗蕩渠出焉

大禹塞滎澤開之以通淮泗即經所謂蒗蕩渠也

漢平帝之世河汴決壞未及得脩汴渠東侵日月
彌廣門故處皆在水中漢明帝永平十二年議治
汴渠上乃引樂浪人王景問水形便景陳利害應
對敏捷帝甚善之乃賜山海經河渠書禹貢圖及
以錢帛後作堤發卒數十萬詔景與將作謁者王
吳共防築堤脩堨起自滎陽東至千乘海口千有
餘里景乃商度地勢鑿山開澗防遏衝要疏決壅
積十里一門水更相迴注無復潰漏之患明年渠
成帝親巡行詔濵河郡國置河堤員吏如西京舊
制景由是顯名王吳諸從事者皆增秩一等順帝
陽嘉中又自汴口以東緣積石爲堰通淮古口
咸曰金堤靈帝建寧中又增脩石門以遏淮口水

盛則通注津耗則輟流

河水又東北逕卷之扈亭北

春秋左傳曰文公七年晉趙盾與諸侯盟于扈竹
書紀年晉出公二十二年河絕於扈即於是也

河水又東逕八激堤北

漢安帝永初七年令謁者太山于岑於石門東積
石八所皆如小山以捍衝波謂之八激堤

河水又東逕卷縣北

晉楚之戰晉軍爭濟舟中之指可掬楚莊祀河告
成而還即是處也

河水又東北逕赤岸固北而東北注之又東北過武
德縣東沁水從之

河水自武德縣漢獻帝延康元年封曹叡爲國即
魏明帝也
東至酸棗縣西濮水東出焉
漢興三十有九年孝文時河決酸棗東潰金堤大
發卒塞之故班固云文堙棗野武作瓠歌謂斷此
口也今無水
河水又東北通謂之延津
石勒之襲劉耀途出於此以河氷泮爲神靈之助
號是處爲靈昌津昔澹臺子羽齎千金之璧渡河
陽侯波起兩蛟挾舟子羽曰吾可以義求不可以
威却操劒斬蛟蛟死波休乃投璧於河三投而輙
躍出乃毀璧而去示無悋意趙建武中造浮橋於
津上採石爲中濟石無大小下輙流去用功百萬

經年不就石虎親閲作公沈璧于河明日璧流渚
上波蕩上岸遂斬匠而還
河水又逕東燕縣故城北則有濟水自北來注之
河水於是有棘津之名亦謂之濟津故南津也春
秋僖公二十一年晉將伐曹曹在縣東假道于衛
衛人不許還自南河即此濟也河水於是亦有棘
津之名晉伐陸渾亦於北渡宋元嘉中遣輔國將
軍蕭斌率寧朔將軍王玄謨北入宣威將軍桓護
之以水軍守石濟即此處也
河水又東淇水入焉又東逕遮害亭南
漢書溝洫志曰在淇水口東十八里有金堤堤

一丈自淇口東地稍高至遮害亭西五丈又有宿胥口舊河水北入也

河水又右逕滑臺城

有三重中小城謂之滑臺城舊傳滑臺人自修築此城因以名焉城即故鄭廩延邑也下有延津春秋傳曰孔悝爲蒯聵所逐載伯姬于平陽行于延津是也廩延南故城即衛之平陽亭也今時人謂此津爲延壽津宋元嘉中右軍到彥之留建威將軍朱脩之守此城魏軍南伐脩之執節不下其母悲憂一旦乳汁驚出母乃號踴告家人曰我年老非有乳時今忽如此吾兒必沒矣脩之絕援果以其日陷沒城故東郡治續漢書曰延熹九年濟陰

東郡濟北平源河水清襄楷上䟽曰春秋注記未有河清而今有之易乾鑿度曰上天將降嘉應河水先清京房易傳曰河水清天下平天垂異地吐妖民厲疾三者並作而有河清春秋麟不當見而見孔子書以爲異河者諸侯之相清者陽明之徵豈獨諸侯有窺京師也明年宮車晏駕徵解瀆侯爲漢嗣是爲靈帝建寧四年二月河水又清也

又東北過黎陽縣南

黎侯國也詩式微黎侯寓于衛是也晉灼曰黎山在其南河水逕其東其山上碑云縣取山之名取水之陽以爲名也王莽之魏丞也今黎山之東北故城蓋黎陽縣之故城也山在城西城憑山爲基

東岨爲河故劉楨黎陽山賦曰南蔭黃河左復金
城青壇承把高碑頌靈昔慕容玄明自鄴率戶南
徙滑臺既無舟檝將保黎陽昏而流澌冰合於夜
中濟訖旦而冰泮燕民謂是處爲天橋津東岸有
故城嶮帶長河戴延之謂之逯明壘周二十里言
逯明石勒十八騎中城因名焉郭緣生曰城袁紹
時築皆非也余案竹書紀年梁惠成王十三年鄭
釐侯使許息來致地平丘戶牖首垣諸邑及鄭馳
地我取枳道與鄭鹿鄭鹿即是城也今城內有故
臺尚謂之鹿鳴臺又謂之鹿鳴城王玄謨自滑臺
走鹿鳴者也濟取名焉故亦曰鹿鳴津又曰白馬
濟津之東南有白馬城衛文公東徙渡河都之故

濟取名焉袁紹遣顏良攻東郡太守劉延於白馬
關羽爲曹公斬良以報效即此處是也白馬有韋
鄉韋城故津亦有韋津之稱史記所謂脩武下武
渡韋津者也河水舊於白馬縣南泆通濮濟黃溝
故蘇代說燕曰決白馬之口魏無黃濟陽竹書紀
年梁惠成王十二年楚師出河水以水長垣之外
者也金堤既建故渠水斷尚謂之白馬瀆故瀆東
逕鹿鳴城南又東北逕白馬縣之涼城北耆舊傳
云耆舊東郡白馬縣之神馬亭實中層峙南北二
百步東西五十許步狀丘斬城也自外耕耘墾斫
削落平盡正南有陟躡陛上方軌是由西南側城
有神馬寺樹木修整西去白馬津可二十許里東

南距白馬縣故城可五十里疑即開山圖之所謂
白馬山也山上常有白馬羣行悲鳴則河決馳走
則山崩注云山在鄭故此鄭也所未詳劉澄之云
有白馬塞孟達登之長歎可謂於川土疎妄矣亭
上舊曰置源城縣治此白馬瀆又東南逕濮陽縣
散入濮水所在決會更相通注以成往復也
河水自津東北逕涼城縣
河北有般祠孟氏記云祠河中積石爲基河水漲
盛恒與水齊戴氏西征記曰今見祠在東岸臨河
累石爲壁其屋宇容身而已殊似無靈不如孟氏
所記將恐言之過也
河水又東北逕伍子胥廟南

祠在北岸頓丘郡界臨側長河廟前有碑魏青龍
三年立
河水又東北爲長壽津
述征記曰涼城到長壽津六十里河之故瀆出焉
漢書溝洫志曰河之爲中國害尤甚故導河自積
石歷龍門二渠以引河一則漯川今則所流也一
則北瀆王莽時空故世俗名是瀆爲王莽河也
故瀆東北逕戚城西
春秋哀公二年晉趙鞅帥師納衞太子蒯聵于戚
宵迷陽虎曰右河而南必至焉今頓丘衞國縣西
戚亭是也爲衞之河上邑漢高帝十二年封將軍
李必爲侯國矣

故瀆又逕繁陽縣故城東
史記趙將廉頗伐魏取繁陽者也
北逕陰安縣故城西
漢武帝元朔五年封魏不疑爲侯國
故瀆又東北逕昌樂縣故城東
地理志東郡之屬縣也漢宣帝封王稚君爲侯國
故瀆又東北逕平邑郭西
竹書紀年晉烈公四年趙城平邑五年田公子居
思伐趙鄙圍平邑十年齊田汾及邯鄲韓舉戰于
平邑邯鄲之師敗逋獲韓舉取平邑新城
又東北逕元城縣故城西北而至沙丘堰
史記曰魏武侯公子元食邑於此故縣氏焉郭東

有五鹿墟墟之在左右多陷城公羊曰襲邑也說
曰襲陷矣郡國志曰五鹿故涉鹿有沙亭周穆王
喪盛姬東征舍於五鹿其女升姪届此思哭是曰
女坐之丘爲沙鹿之異名也春秋左傳僖公十四
年沙鹿崩晉史卜之曰陰爲陽雄土火相乘故有
沙鹿崩後六百四十五年宜有聖女興其齊田乎
後王翁孺自齊徙元城正直其地日月當之王氏
爲舜後土也漢火也王禁生政君其母夢見月入
懷年十八詔入太子宮生成帝爲元后漢祚道消
四世稱制故曰火土相乘而爲雄也及崩大夫楊
雄作誄曰太陰之精沙麓之靈作合於漢配元生
成者也獻帝建安中袁紹與曹操相禦於官渡紹

逼大司農鄭玄載病隨軍屆此而卒郡守已下受
業者衰絰赴者千餘人玄注五經讖緯候歷天文
經通於世故范曄賛曰孔書遂明漢章中輟矣縣
北有沙丘堨者不遵其道曰降亦曰潰堰障水也

至于大陸北播于九河

風俗通曰河播也播爲九河自此始也禹貢沇州
九河既道矣謂徒駭太史馬頰覆釜胡蘇簡潔勾
盤鬲津也同爲逆河鄭玄曰下尾合曰逆河言相
承受矣蓋所潤下之勢以通河海及齊桓霸世塞
廣田居同爲一河故自堰以北館陶貝丘鬲般
廣川信都東光河間樂成以東城地並存川瀆多
亡漢世河決金堤南北離其害議者常欲求九河
故迹而川之未知其所是以班固云自兹距漢北

三八枝者也

河之故瀆自沙丘堰南分屯氏河出焉河水故瀆東
北逕發干縣北城西又屈逕其北

王莽之所謂戢盾矣漢武帝以大將軍衛青破左
賢王功封其子登爲侯國

大河故瀆又東逕貝丘縣故城南

應劭曰左氏齊襄公田于貝丘是也余按京相璠
杜預並言在博昌即司馬彪郡國志所謂貝中聚
者也應注於此事近迹矣

大河故瀆又東逕甘陵縣故城南

地理志之所謂廟也王莽改曰廟治者也漢安帝

父考德皇以太子被廢爲王薨於此乃葬其地尊
陵曰甘陵桓帝建和元年改曰甘陵縣亦取名焉
是周之甘泉市地也陵在瀆北丘墳高巨雖中經
發壞猶若層陵矣世謂之唐侯家城曰邑城皆非
也昔南陽文叔良以建安中爲甘陵丞夜宿水側
趙人蘭襄夢求改葬叔良明循水求棺果於水側
得棺半許落水叔良顧親舊曰若聞人傳此吾必
以爲不然遂爲移殯醊而去之大河故瀆又東逕
艾亭城南又東北逕平晉城南金城中有浮圖五
層上有金露柈題云趙建武八年比釋道龍和上
竺浮圖澄樹德勸化與立神廟浮圖以壞露柈尚
存煒煒有光明大河故瀆又東北逕虛縣故城南

王莽之播亭也河瀆於縣別出爲鳴犢河河水故
瀆又東逕鄃縣故城東吕后四年以父嬰功封子
佗龍爲侯國王莽更名之曰善陸
大河故瀆又東逕平原縣故城西而北絕屯氏三瀆
北逕繹幕縣故城東北西流逕平原高縣故城西
地理志曰鬲津也王莽名之白河平亭故有窮后
國也應劭曰鬲偃姓咎繇後光武建武十三年封
建議將軍朱祐爲侯國
大河故瀆又北逕脩縣故城東又北逕安陵縣西
本脩之安陵鄉也地理志風俗記曰脩縣東四十
里有安陵縣故縣也又東北至東光縣故城西而
北與漳水合一水分

大河故瀆北出爲屯氏河逕館陶縣東東北出
漢書溝洫志曰自塞宣防河復北決於館陶縣分爲屯氏河廣深與大河等成帝之世河決館陶及東郡金堤上使河堤謁者王延世塞之二十日堤成詔以建始五年爲河平元年以延世爲光祿大夫是水亦斷屯氏故瀆水之又東北屯氏別河出焉屯氏別河故瀆又東北逕信城縣張甲出焉地理志曰張甲河首受屯氏別河於信城縣者也張甲河及瀆北絶河於廣宗縣清分爲二瀆左瀆逕廣宗縣故城西又北逕建始縣故城東田融云趙武帝二十二年立建興治廣宗置建始興德五縣隸焉

左瀆又北逕經城東繚城西又逕南宮縣西北注絳瀆
右瀆又東北逕廣宗縣故城南又東北逕界城亭北
又東北逕長樂郡武彊縣故城東
長樂故信都也晉太康五年改從今名
又東北逕廣川縣與水故道合又東北逕廣川縣故城
西又東逕棘津亭南
徐廣曰棘津在廣川司馬彪曰縣北有棘津城吕尚賣食之困疑在此也劉澄之云譙郡酇縣東北有棘津亭故邑也吕尚所困處也余案春秋左傳伐巢克棘入州來無津字杜預春秋釋地又言棘亭在酇縣東北亦不云有津字矣而竟不知澄之於何而得是說然天下以棘爲名者多未可咸謂

之棘津也又春秋昭公十四年晉侯使荀吳帥師涉自棘津用牲于洛遂滅陸渾杜預檡地闕而不書服虔曰棘津猶孟津也徐廣晉紀又言石勒自葛陂寇河北襲汲人向水於方頭濟自棘津在東郡河內之間田融以為即石濟南津也雖千古芒昧理世玄遠遺文逸句容或可尋沿途隱顯方士可驗司馬遷云呂望東海上人也老而無遇以釣于周文王有呂望行年五十賣食棘津七十則屠牛朝歌行年九十身為帝師皇甫士安云欲隱東海之濱聞文王善養老故入釣於周今汲水城亦言有呂望隱居處起自東海迄于酆雍緣其逕趣趙魏為密厝之謀宋事為疏矣

張甲故瀆又東北至脩縣東會清河

十三州志曰張甲河東北至脩縣入清漳者也

屯氏別河東枝津出焉東逕信城縣南又東逕青陽縣故城南清河郡北

魏自清陽徙置也

又東北逕陵鄉南又東北逕東武城縣故城南又東北逕東陽縣故城南

地理志曰王莽更之曰骨陵矣俗人謂之高黎郭非也應劭曰東武城東北三十里有陽鄉故縣也

又東散絕無復津逕

屯氏別瀆又東北逕清河郡南又東北逕清河故城西

漢高六年封王棊爲侯國地理風俗志曰甘陵郡
東南十七年有河淸故城者世謂之鵲城也又東
北經繹幕縣南分爲二瀆
屯氏別河北瀆東逕繹幕縣故城南東邑大河故瀆
又東北逕平原縣枝津北出至安陵縣遂絕
屯氏別河北瀆又東北逕重平縣故城南
應劭曰重合縣西南八十里有重平鄉故縣也又
東北逕重合縣故城南又東北逕定縣故城南漢
武帝元朔四年封齊孝王子劉成爲侯國地理風
俗記曰饒安縣東南三十里有定鄉城故縣也
屯氏別河北瀆又東入陽信縣今無水又東爲咸河
東北流逕陽信縣故城北

地理志渤海之屬縣也東注于海
屯氏別河南瀆自平原東絕大河故瀆又逕平原縣
故城北東北枝津又出東北至安德縣界東會商河
屯氏別河
南瀆又東北於平原界又有枝渠右出至安德縣遂
絕
屯氏別河南瀆自平原城北首受大河故瀆東出亦
通謂之篤馬河
即地理志所謂平原縣有篤馬河東北入行五百
六十里者也
東北逕安德縣故城西又東北逕臨齊城南始
東齊未賓大魏築城以臨之故城得其名也

又屈逕其城東故瀆廣四十步又東北逕重丘縣故
城西
春秋襄公二十五年秋同盟重丘伐齊故也應劭
曰安德縣北五十里有重丘鄉故縣也
又東北逕西平昌縣故城北
北海有平昌縣故加西漢宣帝元康元年封王長
君爲侯國故瀆川泒東入般縣爲般河蓋亦九河
之一道也漢書稱公孫瓚破黃巾于般河即此瀆
也又東爲白鹿淵水南北三百步東西千餘步深
三丈餘其水冬清而夏濁渟而不流若夏水洪泛
水深五丈方乃通注般瀆
又逕般縣故城北
王莽更之曰分明也

東逕樂陵縣故城北
地理志曰故都尉治伏琛晏謨言平原邑今分爲
郡
又東北逕陽信縣故城南東北入海
屯氏河故瀆自別河東逕甘陵之信鄉縣故城南
地理志曰安帝更名安平應劭曰甘陵西北十七
里有信鄉故縣也
屯氏故瀆又東逕甘陵縣故城北逕靈縣北又東北
逕鄃縣與鳴犢河故瀆合上承大河故瀆於靈縣南
地理志曰河水自靈縣別出爲鳴犢河者也
東北逕靈縣東東入鄃縣而北合屯氏瀆屯氏瀆兼

鳴犢之稱也又東逕鄃縣城北東北合大河故瀆謂
之口十三州志曰鳴犢河東北至修入屯氏考瀆則
不至也
又東北有過衛國縣南又東北過濮陽縣北瓠子河
出焉河水東逕鐵丘南
春秋左氏傳哀公二年鄭罕達帥師郵無恤御簡
子衛太子爲右登鐵丘望見鄭師衛太子自投車
下卽此處也京相璠曰鐵丘名也杜預曰在戚南
河之北岸有目城城戚邑也東城有子路冢河之
有竿城郡國志曰衛縣有竿城者也河南有龍淵
宮武帝元光中河決濮陽汜郡十六發卒十萬人
故決河起龍淵宮蓋武帝起宮於決河之傍龍淵

之側故曰龍淵宮也
河水東北流而逕濮陽縣北爲濮陽津
故城在南與衛縣分水城北十里有瓠河口有金
堤宣房堰粤在漢世河決金堤涿郡王遵自益州
刺史遷東郡太守河水盛溢泛浸瓠子金堤決壞
遵躬率民吏投沈白馬祈水神河伯親執圭璧請
身塡堤廬居其上吏民皆走遵立不動而水決齊
足而止公私壯其勇節
河水又東北逕衛國縣南東爲郭口津河水又東逕
城縣北國一作口
故城在河南一十八里王莽之鄄良也沇州舊治
魏武創業始自於此河上之邑最爲峻固晉八王

故事曰東海王越治鄄城城無故自壞七十餘丈
越惡之移治濮陽城南有魏使持節征西將軍太
尉方城侯鄧艾廟廟南有艾碑秦建元十二年廣
武將軍沇州刺史關内侯安定彭超立河之南岸
有新城宋寧朔將軍王玄謨前鋒入河所築也北
岸有新臺鴻基曾廣高數丈衛宣公所築新臺矣
詩齊姜所賦也爲廬關津臺東有小城崎嶇頹側
臺枕河俗謂之底閣城疑故關津都尉治也所未
詳矣

河水又東北逕范縣之秦亭西

春秋經書築臺于秦者也

河水又東北逕委粟津

大河之北即東武陽縣也

左會浮水故瀆

故瀆上承大河於頓丘縣而北出東逕繁陽故城
南故應劭曰縣在繁水之陽張晏曰縣有繁淵春
秋襄公二十年經書公與晉侯齊侯盟于澶淵杜
預曰在頓丘縣南今名繁汙澶淵即繁淵也亦謂
之浮水焉昔魏徙大梁趙以中牟易魏故志曰趙
南至浮水繁陽即是瀆也

故瀆東絶大河故瀆東逕五鹿之野

晉文公受塊於野人卽此處矣京相璠曰今衛國
縣西北三十里有五鹿地今屬頓丘縣

浮水故瀆又東南逕國邑

城北故衛公國也漢光武以封周後也
又東逕衛國縣故城南古斟觀
應劭曰夏有觀扈即此城也竹書紀年梁惠成王
二年齊田壽率師伐趙圍觀觀降
浮水故瀆又東逕河牧城而東北出
郡國志曰衛國姚姓有河牧城
又東北入東武陽縣東入河又有漯水出焉
戴延之謂之武陽也地理志曰漯水出東郡武陽
縣令漯水上承河水於武陽縣東南西北逕武陽
新城東曹操爲東郡所治也引水自東門石竇北
注于堂池池南故基尚存中城内又立一石甚大
城西門名氷井門門内曲中氷井猶存門外有故

臺號武陽臺臺亦有隅雉遺迹
河水又東逕武陽縣東范縣西而東北流也又東北
過東阿縣北河水於范縣東北流爲倉亭津
述征記曰倉亭津在范縣界去東阿六十里魏土
地記曰津在陽縣東北七十里津河濟名也
河水又歷柯澤
春秋左傳襄公十四年衛孫文子敗公徒於柯澤
著也
逕東阿縣故城西而東北出流注
河水枝津東出謂之鄧里渠也
又東北過茌平縣西河自鄧里渠東北逕昌鄉亭北
逕碻磝城西

述征記曰碻磝津名也自黃河泛舟而渡者皆爲
津也其城臨水西南崩于河宋元嘉二十七年以
王玄謨爲寧朔將軍前鋒入河平碻磝守之都督
劉義恭以沙城不守召玄謨令毀城而還後登城
之魏立濟州治此也河水衝其西南隅又崩于河
即故茌平縣也應劭曰茌山名也縣在山之平陸
故曰茌平也王莽之功崇矣經曰大河在其西鄉
里渠歷其東即斯邑也昔石勒之隷師懽屯耕於
茌平聞鼓角鞞鐸之聲於是縣也而與柳城分河
河水又與鄧里渠水上承大河於東阿縣西東逕東
阿縣故城北
故衛邑也應仲瑗曰有西故稱東魏封曹植爲侯

國大城北門內西側皐上有大井其巨若輪深六
七丈歲嘗煮膠以貢天府本草所謂阿膠也故世
俗有阿井之名縣出佳繒縑故史記云秦昭王服
大阿之劒阿縞之衣也
又東北逕縣邑與將渠合又北逕茌平縣東臨邑縣
故城西北流入於河河水又東北流四瀆津
津西側岸臨河有四瀆祠東對四瀆口河水東分
濟亦曰泲水受河也然滎口水石斷門不通始自
是出東北流逕九里與清水合故沛瀆也自河入
濟自泲入淮自淮達江水徑周通故有四瀆之名
也昔趙殺鳴犢仲尼臨河而歎自是而返曰丘之
不濟命也夫琴操以爲孔子臨狄水而歌矣狄水

衍兮風揚波船楫顛倒更相加余案臨濟故狄也是濟所逕也得其通稱河水又逕楊墟縣也故城東俗猶謂是城曰陽城矣河水又逕茌平城東城内有故臺世謂之時平城非也蓋茌時音相近耳疑縣徙也

又東北過高唐縣界

河水於縣漯水注之地理志曰漯水出東郡東武陽縣今漯水上承河水於武陽縣東南西北逕武陽新城東曹操爲東郡所治也引水自東門石竇北注于堂池池南故基尚存中城内又有一石甚大城西門名水門門内曲中水井猶存門外有故臺號武陽堂臺亦有隅雉遺迹水自城東北逕

東武陽縣故城南應劭曰縣在武水之陽王莽之武昌也然則漯水亦或武水也臧洪爲東郡太守治此曹操圍張超於雍丘洪以情義請袁紹求之不許洪與紹絕紹圍洪城中無食洪呼吏士曰洪於大義不得不死諸君無事空受此禍衆泣曰何忍捨明府也男女八千餘人相枕而死洪不屈紹殺洪邑人陳容爲丞謂曰寧與臧洪同日死不與將軍同日生紹又殺之士爲傷歎今城四周紹圍郭尚存水匝隍塹於城東北合爲一瀆東北出郭逕陽平縣之岡城西郡國志曰陽平縣有岡成亭逕陽平縣故城東漢昭帝元平元年封丞相蔡義爲侯國漯水又北絶莘道城之西北有莘亭春秋

桓公十年公使伋使諸齊令盜待於莘伋壽繼殞
於此亭京相璠曰今平陽陽平縣北一十里有故
莘亭道阨限蹊要自衛適齊之道也望新臺於河
上感二子於宿齡詩人乘舟誠可悲矣今縣東有
二子廟猶謂之孝祠矣漯水又東北逕樂平縣故
城東縣故清也漢高帝八年封宮中同於清宣帝
封許廣漢少弟翁孫爲樂平並爲侯國王莽之清治矣
漢章帝建始中更從今名也濕水又北逕聊城縣
故城西城內有金城周匝有水南門有馳道絶水
南出自外泛舟而行矣東門側有層臺秀出魯仲
連所謂還高唐之兵卻聊城之衆者也

漯水又東北逕清河縣故城北

地理風俗記曰甘陵故清河清河在南一十七里
今於甘陵縣故城東南無城以擬之直東二十里
有艾亭城東南四十里有此城擬即清河城也後
鑾居之故世稱鑾城也

漯水又東北逕文鄉城東南又東北博平縣
故城內有層臺秀上王莽改之曰加陸也

右與黃溝同注川澤

黃溝承聊城郭水水泛則津注水耗則輟流自城
東北出逕清河城南又東北逕攝城北春秋所謂
聊攝以東也俗稱郭城非也城東西三里南北二
里東西隅有金城城卑下墟郭尚存左右多墳壠
京相璠曰聊城縣東北三十里有故攝城今此城

西去聊城二十五六里許即攝城者也
又東逕文鄉城又東南逕王城北
魏太常七年安平王鎮平原所築世謂之王城太
和二十三年罷鎮立平原郡治此城也
黃溝又東北逕左與漯水隱覆勢鎮河陸東出於高
唐縣大河右迆東注漯水矣
桑欽地理志曰漯水出高唐余案竹書穆天子傳
稱丁卯天子自五鹿東征釣於漯水以祭淑人是
日祭丘巳巳天子東征食馬於漯水之上尋其沿
歷逕趣不得近出高唐也桑氏所言蓋津流出次
于所間也俗以是水上承于河亦謂之源河矣
漯水又東北逕援縣故城西

[illegible]之東順亭也杜預釋地曰濟南祝阿縣西北
有援城
漯水又逕高唐縣故城東
昔齊威王使盼子守高唐趙人不敢漁於河即魯
仲連子謂由巴曰今楚軍南陽趙伐高唐者也春
秋左傳哀公十年趙鞅帥師伐齊取黎及轅毀高
唐之郭杜預曰轅即援也祝阿縣西北有高唐城
漯水又東北逕漯陰縣故城北
縣故黎邑也漢武帝元光三年封匈奴降王莽更
名翼城歷北漯陰城南伏琛謂之漯陽城南有魏
沈州刺史劉岱碑地理風俗記曰平原漯陰縣今
巨漯亭是也

漯水又東北逕著縣故城南又東北逕崔氏城北

春秋左傳襄公二十七年崔成請老崔氏者也杜預釋地曰濟南東朝陽縣西北有崔氏城

漯水東南逕東朝陽縣故城南

漢高帝六年封都尉華寄爲侯國地理風俗記曰南陽有朝陽縣故加東地理志曰王莽之脩治也

漯水又東逕漢徵君伏生墓南

碑碣尚存以明經爲秦博士秦坑儒士伏生隱焉漢興教于齊魯之間文帝撰五經尚書太傅安車徵之年老不行及使掌故歐陽生等受尚書於徵君號曰伏生者也

漯水又東逕鄒平縣故城北

右鄒侯國舜後姚姓也

又東北逕界東鄒城北

地理志曰千乘郡有東鄒縣

漯水又東北逕建信縣故城北

漢高帝七年封婁敬爲侯國應劭曰臨沛縣西北五十里有建信城都治故城者也

漯水又東北逕千乘縣二城間

漢高帝六年以爲千乘郡王莽之建信也章帝建初四年爲王國和帝永元七年改爲樂安郡故齊也伏琛曰千乘城齊城西北一百五十里隔會水即漯水之別名也

又東北爲馬常坑

坑東西八十里南北三十里亂河枝流而入于海
河海之饒茲焉爲最地理風俗記曰漯水東北至
千乘入海河盛則通津委海水耗則微消絶流書
浮于濟漯亦是水者也

又東北過楊墟縣東商河出焉

地理志曰楊虛平原之隸縣也漢景帝四年以封
齊悼惠王子將廬爲侯國也城在高唐城之西南
經次於此是不比也商河亦受首河亦漯水及澤水
所潭水也淵而不流世謂之清水自此雖沙漲塡
塞厥迹尚存歷澤而北俗謂之落里坑逕張公城
西又北重源潛發世謂之落里坑亦曰小漳河商
漳聲相近故字與讀移耳

商河又北逕平原縣東又逕安德縣故城南又東北
逕昌平縣故城南又東逕般縣故城南又東逕樂陵
縣故城南

漢宣帝地節四年封侍中史子長爲侯國

商河又東逕初鄉縣故城南

高后八年封齊悼惠王子劉辟光爲侯國也王莽
更之曰張鄉也應劭曰般縣東南六十里有初鄉
城故縣也

沙溝水注之

水南出大河之陽泉源之不合河者二百步其水
北流注商河

商河又東北流逕馬嶺城西北而流屈而東注南轉

逕城東

城在河曲之中東海王越斬汲桑於是城

商河又東北逕富平縣故城北

地理志曰侯國也王莽曰安樂亭應劭曰明帝更名闞駰曰厭次縣本富平矣車騎將軍張安世之封邑非也按漢書昭帝元鳳六年封右將軍張安世爲富平侯薨子延壽嗣國在陳留別邑魏郡陳留風俗傳曰陳留尉氏縣安陵鄉故富平縣也是乃安世所食矣歲入租千餘萬延壽自以身無功德何堪久居先人大國上書減戶天子以爲有讓徙封平原并食一邑戶口和故而稅減半十三州志曰明帝永平五年改曰厭次矣按史記高祖功

臣侯者年表高帝六年封元頃爲侯國徐廣音義曰漢書作侯爰類字是知厭次舊名非始明帝葢復故耳縣西有東方朔冢側有祠祠神驗水側有雲城漢武帝元封四年封齊孝王子劉信爲侯國也

商河又分爲二水南水謂之長聚溝

東流傾洼爲海溝南海側有蒲臺臺高八丈方二百步三齊略記曰鬲城東南有蒲臺秦始皇東遊海上於臺下蟠蒲繫馬至今歲蒲生縈委若有繫狀似水楊可以爲箭今東去海三十里

北水世又謂之白薄瀆

東北流注于海水矣

大河又東北逕高唐縣故城西

春秋左傳襄公十九年齊靈公廢太子光而立公子牙以風沙衛爲少傅齊侯卒崔杼逆光光立殺公子牙於句瀆之丘衛奔高唐以叛京相璠曰本平原縣也爲之西鄙也大河逕其西而不出其東經言出東誤耳

大河又北逕張公城臨側河湄

魏青州刺史張治北故世謂之張公城水有津焉名之曰張公渡

河水又北逕平原縣故城東

地理風俗記曰原博平也故曰平原矣縣故平原郡治矣漢高帝六年置王莽改曰河平也晉灼曰

齊西有平原河河水北過高唐縣即平原也故經言河水逕高唐縣東非也案地理志曰高唐平原也高唐漯水所出平原則篤馬河導焉明平原非高唐大河不得出其東審矣

大河右溢世謂之甘棗溝

水側多棗故俗取名馬河盛則委泛水耗則輟流故瀆又東北歷長堤逕溫陰縣北東逕著城北東爲陂淀淵潭相接世謂之穢野薄

河水又東北逕陽阿縣故城西

漢高帝六年封郎中萬訢爲侯國應劭曰溫陰縣東南五十里有陽阿鄉故縣也

又東北過漯陽縣北河水自平原左逕安德城東而

北爲鹿角津東北逕般縣樂陵初鄉厭次縣故南厭
次河
漢安帝永初二年劇縣畢毫等數百乘船寇平原
縣令劉雄門下小吏所輔浮舟追至厭次津與賊
合戰並爲賊擒求代雄毫縱雄於此津所輔可謂
孝盡愛敬義極君臣矣
河水又逕漯陰縣故城北一作右逕
王莽之臣武縣也
河水又東北爲漯沃津
漯沃縣故城南王莽之近亭者也地理風俗記曰
千乘縣西北五十里有大河河北有漯沃城故縣
也魏改爲後部亭今俗遂名之曰右輔城

河水又東逕千乘城北
伏琛之所謂千乘北城者也
又東北過黎城縣北又東北過甲下邑濟水從西來
注之又東北入于海
河水又東分爲二水枝津東逕甲下城南東南歷常
沇注濟
經言沛水注河水自枝津東北流逕甲下邑北世
謂之倉子城非也又東北流入于海淮南子曰九
折注爲海而流不絕者崑崙之輸也尚書禹貢曰
夾石碣石入于河山海經曰碣石之山繩水出焉
東流注于河河之入海舊在碣石今川流所導非
禹瀆也周定王五年河徙故瀆故班固曰商渴周

移也又以漢武帝元光二年河又徙東郡更注勃
海是以漢司空掾王璜言曰往昔天嘗連北風海
水溢西南出侵數百里故張君云碣石在海中蓋
淪於海水也昔燕齊遼曠分置營州今城屆海濵
海水北侵城垂淪平王璜之言信而有徵碣石入
海非無證

水經卷第五

水經卷第六

漢桑欽撰　後魏酈道元注

汾水　澮水　涑水　文水

原公水　洞過水　晉水　湛水

汾水出太原汾陽縣北管涔山

山海經曰北次二經之首在河之東其首枕汾其名曰管涔之山其上無草木而下多玉汾水出焉而流注于河十三州志曰出武州之燕京山亦管涔之異名也其山重阜脩層有草無木泉源導於南麓之下蓋稚水濛流耳又西南夾岸連山聯峯接勢劉淵族子曜嘗隱居於管涔之山夜中忽有二童子入跪曰管涔王使小臣奉謁趙皇帝獻

劒一口置前再拜而去以燭視之劒長二尺光澤非常背有銘曰神劒服御除衆毒曜遂服之劒隨時變爲五色也後曜遂爲胡王矣汾水又南與東西温溪合水出右近溪聲流翼注水上雜樹交陰雲垂煙接自是水流潭漲波襄轉泛又南逕一城東憑墉積石側枕汾水俗謂之代城城又南出二城間其城角倚翼枕汾流世謂之侯莫干城蓋語出戎方傳呼失實也汾水又南逕汾陽縣故城東川土寬平峘山夷水故地理志汾水出汾陽縣北山西南流者也漢高帝十一年封靳彊爲侯國後立屯農積粟在斯謂之羊腸倉山有羊腸坂在晉陽西北石磴縈委若羊腸焉故倉坂取名矣漢永

爭中治呼池石臼河按司馬彪後漢郡國志常山
南行唐縣有石臼谷蓋資乘呼池之水轉山東之
費自都盧至羊腸倉將憑汾水以漕太原用實秦
晉若役連年轉運所經凡三百八十九隘死者無
算拜鄧訓爲謁者監護水功訓隱括知其難立具
言肅宗肅宗從之全活數千人和熹鄧后之立叔
父以爲訓積善所致也羊腸即此倉也魏土地記
曰秀容胡人徙居之立秀容護軍治東去汾水六
十里南與酸水合水源西出少陽之山東南流注
於汾水汾水又南出山東南流洛陰水注之水出
新興郡西流逕洛陰城北又西逕盂縣故城南春
秋左傳僖公二十八年分祁祈七縣爲大夫之邑

以盂丙爲盂大夫水又西逕狼孟縣故城南王莽
之狼調也左右夾澗幽深南面大壑俗謂之狼馬
澗舊斷澗爲城又南北門門闕故壁尚在洛陰水
又西南逕陽曲城北魏土地記曰陽曲胡寄居太
原界置陽曲護軍治其水西南流注于汾水汾水
又南逕陽曲城西南注也

東南過晉陽縣東晉水從縣南東流注之

太原郡治晉陽城秦昭襄王三年立尚書所謂既
脩太原者也春秋說題辭曰高平曰太原原端也
平而有度廣延曰大鹵太原也釋名曰地不生物
曰鹵盧穀梁傳曰中國曰太原夷狄曰大鹵尚書
大傳曰東原底平大而高平者謂之太原郡取稱

焉魏土地記曰城東有汾水南流水東有胥使持節都督并州諸軍事鎮北將軍太原成王之碑水上舊有梁清洴殞於梁下豫讓死於津側亦襄子解衣之所在也汾水西逕晉陽城南舊有介子推祠前有碑廟宇傾頹唯單碑獨存矣今文字剥落無可尋也

又南洞過水從東來注之

汾水又南逕梗楊縣故城東故榆次之梗陽縣也魏獻子以邑大夫魏戊也京相璠曰梗陽晉邑也今太原晉陽縣南四十里榆次界有梗陽地汾水又南即洞過水會者也

又南過大陵縣東

昔趙武靈王遊大陵夢處女鼓琴而歌想見其人吳廣進孟姚焉即於此縣也王莽改曰大寧矣汾水於縣左迤為鄔澤廣雅曰水自汾出為汾陂其陂東西四里南北一十餘里陂南接鄔地理志曰九澤在北并州藪也呂氏春秋謂之大理又名之曰漚洟之澤俗謂之鄔城許慎說文曰漚水出西河中陽縣之西南入河即此水也漚水又會嬰侯之水山海經稱謁戾之山嬰侯之水出于其陰北流注于祀水右出祀山其水殊源共合注于嬰侯之水亂流逕中都縣南俗又謂之中都水侯甲水注之水發源縣胡甲山有長坂謂之胡甲嶺即劉歆遂初賦所謂越侯甲而長驅者也蔡邕曰侯甲

亦邑名也在祁縣侯甲水又西北歷宜歲郊逕太谷謂之太谷水出谷西北流逕祁縣故城南自縣連延西接鄔澤是爲祁藪也即爾雅所謂昭餘祈矣賈辛邑也辛貌醜妻不爲言與之如皐射雉雙中之則笑也王莽之爾縣也又西逕京陵縣故城北王莽更名曰致城矣於春秋爲九原之地也故國語曰趙文子與叔向遊於九原曰死者若可作也吾誰與歸叔向曰其陽子乎文子曰夫陽子行廉直於晉國不免其身智不足稱吾其隨會乎納諫不忘其師矣故其京尚存漢興增陵於其下故曰京陵焉甲水又西北逕中都縣故城南臨城際水湄春秋昭公二年晉侯執陳無宇於中都者也

漢文帝爲代王都此武帝元封四年上幸中都宫殿上見光赦中都死罪以下甲水又西合爲嬰侯之水逕鄔縣故城南晉大夫司馬彌牟之邑也謂之鄔水也俗亦曰慮水慮嬀聲相近故因變爲又西北入鄔陂而歸于汾流矣

又南過平陶縣東文水從西來流注

汾水又南與石桐水合即綿水也水出界休縣之綿山北流逕石桐寺西即介子推之祀也昔子推逃晉文公之賞而隱於綿上之山也晉文公求之不得乃封綿爲介子推田曰以志吾過且旌善人因名斯山爲介山故袁崧郡國志曰界休縣有介山綿上聚子推廟王肅喪服要記曰昔魯哀公祖

載其父孔子問曰寧設桂樹乎哀公曰不也桂樹者起於介子推子推晉之人也文公有内難出國之狄子推隨其行割肉以續軍糧後文公復國忽忘子推子推奉唱而歌文公始悟當受爵祿子推奔介山抱木而燒死國人葬之恐其神魂霣於地故作桂樹焉吾父生於宮殿死於枕席何用桂樹爲余案夫子尚非璵璠送葬安能問桂樹爲禮乎王肅此證近於誣矣石桐水又西流注于汾水又西南逕介休縣故城西王莽更名之曰分美矣城東有徵士郭林宗宋子浚二碑宋冲以有道司徒徵林宗縣也辟司徒舉太尉以疾辭其碑文之云將蹈洪崖之遐迹紹巢由之逸軌翔區外以舒翼起天路以高峙稟命不融享年四十有三建寧四年正月丁亥卒凡我四方同好之人永懷哀痛乃樹碑表墓昭銘景行云陳留蔡伯喈范陽盧子幹扶風馬日磾等遠來奔喪朋友服心喪朞年者如韓子助宋子浚等二十四人其餘門人著錫衰者千數其碑文故蔡伯喈謂盧子幹馬日磾曰吾爲天下碑文多矣皆有慙容唯郭有道無愧於色矣汾水之石有左部城側臨汾水蓋劉淵爲晉都尉所築也

又南過冠爵津 冠一作

汾津名也在介休縣之西南俗謂之雀鼠谷數十里間道隘水左右悉結偏梁閣道累石就路縈帶

巖側或去一丈或高六丈上戴山阜下臨絕澗俗
謂之爲暮般橋蓋通古之津隘又亦在今之地嶮
也
又南入河東界又南過永安縣西
故彘縣也周厲王流于彘即此城也王莽更名黃
城漢順帝陽嘉二年改曰永安縣霍伯之都也歷
唐城東瓚注漢書云堯所都也東去彘十里汾水
又東與彘水合水出東北太岳山禹貢所謂岳陽
也即霍太山矣山上有飛廉以善走事紂惡來多
力見知周王伐紂兼殺惡來飛廉先爲紂使北方
還無所報乃壇於霍太山而致命焉得石棺銘曰
帝令處父不與殷亂賜汝石棺以葬死遂以葬於

霍太山有岳廟廟甚靈烏雀[illegible]棲其林猛虎常守
其庭又有靈泉以供祭事鼓[illegible]則泉流聲絕則水
竭湘東陰山縣有侯曇山有上靈壇壇前有石井
深數尺居常無水及臨祈禱則甘泉湧出周用則
巳亦其比也彘水又西流逕觀阜北故有邑也原
過之從襄子也受竹書於王澤以告襄子襄子齋
三日親自剖竹有朱書曰余霍太山山陽侯天史
也三月丙戌余將使汝反滅智氏女亦立我於百
邑也襄子拜受三神之命遂滅智氏祠三神於百
邑使原過主之世謂其處爲觀阜也彘水又西流
逕永安縣故城南西南流注于汾水汾水又南逕
霍城東故霍國也昔晉獻公滅霍趙夙爲御霍求

東晉大夫趙鼂之故邑也應劭曰縣在平河之陽
堯舜並都之也竹書紀年晉烈公元年韓武子都
平陽漢昭帝封度遼將軍范明友爲侯國王莽之
香平也晉立平陽郡治此矣水側有堯廟前有碑
魏土地記曰平陽城東十里汾水東原上有小臺
臺上有堯神屋石碑永嘉三年劉淵徙平陽於汾
水得白玉印方四寸高二寸二分龍紐其文曰有
新寶之印王莽所造也淵以爲天授改永鳳二年
爲河瑞元年汾水南與平陽合水出平陽西壺口
山尚書所謂壺口治梁及岐也其水東逕狐谷亭
北春秋時狄侵晉取狐厨者也又東逕平陽城南
東入汾俗以爲晉水非也汾水又南歷襄陵縣故

城西晉大夫郄犨之邑也故其地有犨氏鄉亭矣
縣蓋即陵以名氏也王莽更名曰幹昌也

又南過臨汾縣東

天井水出東陘山西南北有長嶺嶺上東西有通
道即鈃蹬也穆天子傳曰乙酉天子西絕鈃蹬西
南至鹽是其水三泉奇發西北流揔成一川西逕
堯城南又西流入汾

又屈從縣南西流

汾水又經絳縣故城北竹書紀年梁武王二十五
年絳中地坼西絕於汾汾水西逕虒祁宮北橫水
有故梁截汾水中凡有三十柱柱徑五尺裁與水
平蓋晉平公之故梁也物在水故能持久而不敗

公奔齊晉國大旱卜之曰霍太山爲祟使趙夙召霍君奉祀晉復穰也蓋霍求公之故居也汾水又逕趙城西南穆王以封造父趙氏自此始也汾水又南霍水入焉水出霍太山發源成潭漲七十步而不測其深西南逕趙城南西流注于汾水

又南過楊縣東

間水東出穀遠縣西山西南逕楊縣霍山南又西逕故城北晉大夫僚公去安之邑也應劭曰故楊侯國王莽更名有年亭也其水西流入于汾水汾水逕楊城西不於東矣魏土地記曰平楊郡治楊縣郡西有汾水南流者是也

西南過高梁邑西

黑水出黑山西逕楊城南又西與巢山水會山海經曰牛首之山勞水出焉西流注于潏水疑是水也潏水即巢山之水也水源東南出巢山東谷北逕浮山東又西北流與勞水合亂流西北逕高梁城北西流入于汾水又南逕高梁故城西故高梁之墟也春秋僖公二十四年秦穆公納公子重耳於晉害懷公於此竹書紀年晉出公三十年智伯瑤城高梁漢高帝十二年以爲侯國封恭侯酈介於斯邑也

又南過平陽縣東

汾水又南逕白馬城西魏刑白馬而築之故世謂之白馬城今平陽郡治汾水又南逕平陽縣故城

也又西逕魏正平郡南故東州治大和中皇都徙洛罷州立郡矣又西逕正橋澮水入焉

又西過長修縣南

汾水又西與古水合出臨汾縣故城西黃阜下其大若輪西南流故橫溝出焉東注于汾今無水又西南逕魏正平郡北又西逕荀城東古荀國也汲郡古文晉武公滅荀以賜大夫原氏也古水又西南入于汾汾水又西南逕長修縣故城南漢高帝十一年以爲侯國封莊恬也有修水出縣南而西南流入汾汾水又西逕清原城北故清陽亭也城北有清原晉侯蒐清原作三軍處也汾水又逕冀亭南昔臼季使過冀野見郤缺耨其妻饁之相敬

如賓言之文公文公命之爲卿復與之冀京相璠曰今河東皮氏縣有冀亭古之冀國所都也杜預釋地曰平陽皮氏縣東北有冀亭即此亭也汾水又西與華水合水出北山華谷西南流逕一故城西俗謂之梗楊城非也梗楊在榆次在此非案故漢上谷長史侯相碑云侯氏出自倉頡之後踰殷歷周各以氏分或著楚魏或顯齊秦晉卿士爲斯其裔也食于華陽今蒲坂北亭也既是城也其水西南流注于汾汾水又逕稷山北在水南四十許里山東西二十里南北三十里高十三里西去介山一十五里山上有稷祠山下稷亭春秋宣公十五年秦桓公治兵于稷以略狄土是也

又西過皮氏縣南

汾水西逕鄧丘北故漢氏之方澤也賈逵云漢法三年祭地汾陰方澤澤中有方丘故謂之方澤丘即鄧丘也許慎說文稱從邑發聲河東臨汾地名矣在介山北山即汾山也其山特立周七十里高三十里潁言在皮氏縣東南則可三十里乃非也今準此山可高十餘里山上有神廟廟側有靈泉祈祭之日周而不耗世亦謂之子推祠楊雄河東賦曰靈輿安步周流容與以覽于介山嗟文公而愍推兮勤大禹於龍門晉太康記及地道記與永初記並言子推所逃隱於是山即實非也余按介推所隱者綿山也文公環而封之爲介推田號其

山爲介山杜預曰在西河介休縣者是也汾水又西逕耿鄉城北故殷都也帝祖乙自相徙此爲河所毀故書敘曰祖乙圮于耿杜預曰平陽皮氏縣東南耿鄉是也盤庚以耿在河北迫近山川乃自耿遷亳後晉獻公滅之以封趙夙後襄子與韓魏分晉韓康子居平陽魏桓子都安邑號爲三晉此其一也漢武帝行幸河東濟汾河作秋風辭於斯水之上汾水又西逕皮氏縣南竹書紀年魏襄王十二年秦公孫爰率師伐我國皮氏翟章率師救皮氏圍疾西風十三年城皮氏者也漢河東太守番係穿渠引汾水以溉皮氏縣故渠尚存今無水

又西至汾陰縣北西注于河

水南有長阜背汾帶河阜長四五里廣二里餘高
十丈汾水歷其陰西入河漢書謂之汾陰脽應劭
曰脽丘類也汾陰男子公孫祥望氣寶物之精上
見詳言之於武帝武帝於水獲寶鼎焉遷於甘泉
宫改其年曰元鼎即此處

澮水出河東絳縣東澮交東高山

澮水東出詳高山亦曰河南山又曰澮山西逕翼
城南按詩譜言晉穆侯遷都于絳翼孫孝侯改絳
爲翼翼爲晉之舊都也後獻公又北廣其城方二
里又命之爲絳故司馬遷史記年表稱獻公九年
始成絳都左傳莊公二十六年晉士爲城絳以深
其宫是也其水又西南合黒水嶺水導源東北黒

水谷西南流逕翼城北右引北川水出平川南流
注之亂流西南入澮水澮水又西南與諸水合謂
之澮交竹書紀年曰莊伯十二年翼侯焚曲沃之
禾而還作爲文公也又有賀水東出近川西南至
澮交入澮又有高泉水出東南近川西北趣澮交
注澮又南紫谷水東出白馬山白馬川遁甲闢山
圖曰絳山東距白馬山謂是山也西逕熒庭城南
而西出紫谷與乾河合即教水之枝川也史記曰
起傳稱起涉河取韓安邑東至乾河是也其水西
與田川水合水出東溪西北至澮交入澮又有女
家水出于家谷竹書紀年曰莊伯以曲沃叛伐翼
公子萬救翼若叔軫追之至于家谷有范壁水出

於壁下並西北流至翼廣城昔晉軍北入翼廣以築之因即其姓以名之二水合而爲西北流至澮交入澮澮水又西南與絳水合俗謂之白水也非也水出絳山東至寒泉奮湧揚波北注縣流奔壑十一許丈青崖若點黛素湍如委練望之極爲奇觀矣其水西北注流于澮應劭曰絳水出絳縣西南蓋以故絳爲言也史記稱智伯率韓魏引水灌晉陽不沒者三板智氏曰吾始不知水可以亡人國今乃知之汾水可以浸平陽絳水可以浸安邑時韓居平陽魏居安邑魏桓子肘韓康子韓康子履魏桓子肘足接於車上而智氏以亡魯定公問一言可以喪邦有諸孔子以爲幾乎余覩智氏之

談矣汾水灌平陽或亦有之絳水澆安邑未識所由也

西過其縣南

春秋成公元年晉悼公謀去故絳欲居郇瑕魏獻子曰土薄水淺不如新田有汾澮以流其惡遂居新田又謂之絳即絳陽也蓋在絳澮之陽漢高帝六年封越騎將軍華無害爲侯國縣南對絳山面背二水古文瑣語曰晉平公與齊景公乘至于澮上見乘白驂八駟以來有大貍身而狐尾隨平公之車公問師曠對首陽之神有大貍身狐尾其名曰者飲酒得福則徽之蓋於是水之上也

又西南過虒祁宮南

五年正月翟人伐晉周有白兎舞于市即是邑也漢景帝以封田勝爲侯國也涑水西逕董澤陂南即古池東西四里南北三里春秋文公六年蒐于董澤即斯澤也涑水又與景水合水出景山北谷山海經曰景山南望鹽販之澤北望少澤其草多藷藇秦椒其陰多赭其陽多玉郭景純曰鹽販之澤即解縣鹽池也按經不言有水今有水焉西北流注于涑水也

又西南過其縣南

涑水又西逕仲郵鄍北又西逕桐鄉城北竹書紀年曰翼侯伐曲沃水捷武公請城于翼至洞庭乃返者也漢書曰漢武帝元鼎六年將幸緱氏至左邑桐鄉聞南越破以爲聞喜縣者也涑水又西與沙渠水合水出東南近川西北流注于涑水涑水又西南逕左邑縣故南城故曲沃也晉武公自晉陽徙自秦改爲左邑縣詩所謂從子于鵠者也春秋傳曰下國有宗廟謂之國在絳曰下國矣即新城也王莽之洮亭也涑水自城西注水流急濬輕津無緩故詩人以爲激揚之水言不能流移束薪耳水側即狐突遇申生處也春秋傳曰秋狐突適下國遇太子太子登僕使曰夷吾無禮吾請帝以畀秦對曰神不歆非類君其圖之君曰諾請七日見我於新城西偏及期而往見於此處故傳曰鬼神所憑有時而信矣涑水又西逕王官城北在南

原上春秋左傳成公十三年四月晉侯使呂相絕
秦曰康猶不悛入我河曲伐我涑川俘我王官故
有河曲之戰是矣今世人猶謂其城曰王城也
又西南過安邑縣西
安邑禹都也禹娶塗山氏女思戀本國築臺以望
之今城南門臺基猶存余案禮天子諸侯臺門隅
阿相降而已未必一如書傳也故晉邑矣春秋時
魏降自魏徙此昔文侯縣師經之琴於其門以爲
言戒也武侯二年又城安邑蓋增廣之秦始皇使
左更白起取安邑置河東郡王莽更名洮陽縣曰
河東也有項寧都學道昇仙忽復還此河東號曰
斥仙漢世又有閔仲叔隱遁市邑罕有知者後以

識瞻而去涑水又西南逕監鹽縣故城城南有鹽
池水承鹽水出東南薄山西北流逕巫咸山北地
理志曰山在安邑縣東南水西經曰巫咸在女丑
北右手操青蛇左手操赤蛇在登葆山羣巫所從
上下也大荒西經云大荒之中有靈山巫咸即巫
盼巫彭巫姑巫貞巫孔巫抵巫謝巫羅十巫從此
升降百藥爰在郭景純曰言羣巫上下靈山採藥
往來也蓋神巫所遊故山得其名矣谷口嶺上有
巫咸祠其水又逕安邑故城南又西流注于鹽池
地理志曰鹽池在安邑西南許慎謂之鹽監長五
十一里廣六里周一百一十四里從鹽古聲吕宿
曰沈沙煮海謂之鹽河東鹽池謂之解鹽今池水

東西七十里南北十七里紫色澄渟渾而不流水出石鹽自然印成朝取夕復終無減損唯山暴雨澍甘潦奔泆則鹽池用耗故公私共渴水徑防其淫濫故謂之鹽水亦爲堨水也故山海經謂之鹽販之澤也澤南面層山天巖雲秀池谷泉深左右壁立閒不容軌謂之石門路出其中名之曰徑南通上陽北暨鹽澤池西又有一池謂之女鹽澤東西二十五里南北二十里在猗氏故城南春秋成公六年晉謀去故絳大夫曰郇瑕地沃饒近鹽服虔曰土平有溉曰沃鹽盬也土人鄉俗引水裂沃麻分灌川野畦水耗竭土自成鹽卽所謂鹽鹺也而味苦號曰鹽田鹽盬之名始資是矣本司鹽都

尉治領兵一千餘人以之周穆王漢章帝並幸安邑而觀鹽池故杜預曰猗氏有鹽池後罷尉司分猗氏安邑置縣以守之

又南過解縣東又西南注于張陽池

涑水又西逕猗氏縣故城北春秋文公七年晉敗秦于令狐至于刳首先蔑奔秦士會從之闞駰曰令狐卽猗氏也刳首在西三十里縣南對澤卽猗頓之故居也孔叢曰猗頓魯之窮士也耕則常飢桑則常寒聞朱公富往而問術焉朱公告之曰子欲速富當畜五牸於是乃適西河大畜牛羊于猗氏之南十年之閒其息不可計貲擬王公馳名天下以興富於猗氏故曰猗頓也涑水又西逕郇城

謂鶩漿也發于上而潛於下矣厥頂方平有良藥
神農本草曰地有固活女踈銅芸紫菀之族也是
以緇服思玄之士鹿裘念一之夫代往遊焉路出
北巘勢多懸絕來去者咸援蘿騰崟尋葛降深於
東則連木乃陟百梯方降巖側縻鎖之跡仍今存
焉故亦曰百梯山也水泉山北流五里而伏云潛
通澤渚所未詳也西陂即張澤也西北去蒲坂一
十五里東西二十里南北四五里冬夏積水亦時
有盈耗也
文水出大陵縣西山文谷東到其縣屈南到平陶縣
東北東入于汾
文水逕大陵縣故城西而南流有泌水注之縣西

南山下武氏穿井給養井至幽深後一朝水溢平
流東南注文水又南逕平陶縣之故城東西逕其
城內南流出郭王莽更曰多穰也文水又南逕縣
右會隱泉口水謁泉山之上頂俗云暘雨愆時是
謁是禱故山得其名非所詳也其山石岸地嶮壁
立天固崖平有一石室去地可五十餘丈爰有層
松飾巖列栢綺望[illegible]西側一處得歷級升陟頂上
平地一十許頃沙門釋僧光表建二剎泉發於兩
寺之間東流瀝石沿注山下又東津渠隱沒而不
恒流故有隱泉之名矣雨澤豐澍則通入文水又
南逕茲氏縣故城東爲文湖東西一十五里南北
三十里世謂之西河在縣直東一十里湖之西側

臨湖又有一城謂之猪城水澤所聚謂之都亦曰
猪蓋即水以名城也文湖又東逕中陽縣故城東
案晉書地道記太康地記西河中有陽縣舊縣也
文水又東南流與勝水合水出西狐岐之山東逕
六壁城南魏朝舊置六壁於其下防離石諸胡因
爲大鎮太和中罷鎮仍置西河郡焉勝水又東合
陽泉水出西山陽溪東逕六壁城北又東南流注
于勝水勝水又東逕中陽故城南又東合文水文
水又東南入于汾水也

原公水出茲氏縣西羊頭山東過其縣北

縣故秦置也漢高帝更封沂陽侯嬰爲侯國王莽
之茲同也魏黃初二年西河恭王司馬子盛廟碑

文云西河舊處山林漢末擾攘百姓失所魏興更
開疆宇分割太原四縣以爲邦邑其郡帶山側塞
矣王以咸寧四年受命爵土其年十二月喪國臣
太農閻崇離石令宗羣等二百三十四人刊石立
碑以述勲德碑北廟基尚存也

又東入于汾

水注文湖不至汾也

洞庭水出沾縣北山

其水西流與南溪水合水出南山西北流注洞過
水又西北黑水西出山三合源舍同歸一川東流
南屈受陽縣故城東按晉太康地記樂平郡有受
陽縣盧諶征歎賦所謂歷受陽而總轡者也其水

西南入洞渦水又西蒲水南出蒲谷北流注之于
洞渦又西與原過水合近北便水流也水西阜上
有原過祠蓋懷道協靈受書天使憂結宿情傳芳
後日棟宇雖淪攢木猶茂故層峕水取名焉其水
南流注于洞渦水也
西過榆次縣南又西到晉陽縣南
榆次縣故塗水鄉晉大夫智徐吾之邑也春秋昭
公八年晉侯築虒祁之宮有石言晉之魏榆服虔
曰魏晉也榆州里名也漢書曰榆次十三州志以
爲塗陽縣矣王莽之太原亭也縣南側水有鑿臺
韓魏殺智伯瑶於其下刳腹絕腸折頭指顱處也
其水又西南流逕武觀城西北盧諶征歎賦曰逕

武館之故郛問厥墮之遠近洞渦水又西南爲淳
湖謂之洞渦津澤而涂水注之水出陽邑東北大
嗛山涂谷西南逕蘿磬亭南與蔣谷水合水出縣
東南蔣溪魏土地記曰晉陽城東南一百一十里
至山有蔣谷大道度軒車嶺通于武鄉水自蔣溪
西北流西逕箕城北春秋僖公三十三年晉人敗
狄于箕杜預釋地曰城在陽邑南水北卽陽邑縣
故城也竹書紀年曰梁惠成王九年與邯戰榆次
陽邑者也王莽之繁穰矣蔣溪又西合涂水亂流
西北入洞過澤也
西入于汾出晉水下口者也
劉琨之爲幷州也劉淵引兵邀擊之合戰於洞過

卽是水也
晉水出晉陽縣西懸甕山
縣故唐國也春秋左傳稱唐叔未生其母邑姜夢帝謂已曰余名而子曰虞將與之唐屬之參及生名之曰虞呂氏春秋曰叔虞與成王居王援桐葉爲珪以授之曰吾以此封汝虞以告周公周公請曰天子封虞乎王曰余戲耳公曰天子無戲言時唐滅乃封之於唐縣有晉水後改名爲晉故子夏叙詩稱此晉也而謂之唐儉而用禮有堯之遺風也晉書地道記及十三州志並言晉水出龍山一水結絀山在縣西北非也山海經曰懸甕之山晉水出焉今在縣之西南昔智伯之遏晉以水灌晉

陽其川上源後人踵其遺蹟蓄以爲沼沼西際山枕水有唐叔虞祠水側有涼堂結飛梁於水上左右雜樹交陰希見曦景至有淫朋密友羇遊宦子莫不尋梁契集用相娛慰於晉川之中最爲勝處
又東過其縣南又東入于汾水
湖水分爲二流北瀆卽智氏故渠也昔在戰國襄子保晉陽智氏防山以水之城不沒者三版與韓魏望歎於此故智氏用亡其瀆乘高東北注入晉陽城以周園溉漢末赤眉之難郡掾劉茂負太守孫福之於城門西下空穴中其夜奔盂卽是處也東南出城流注于汾水也其南瀆於石塘之下伏流逕舊溪東南出逕晉陽城南城在晉水之陽曰